Christine Lange
wandte sich nach Abschluss ihres Fremdsprachenstudiums dem Journalismus zu und zählt heute zu den am meisten veröffentlichten Autorinnen im deutschen Sprachraum. Sie hat nicht nur zahllose Artikel für Zeitschriften in aller Welt verfasst, sondern auch viele Sach-, Kinder- und Jugendbücher veröffentlicht. Christine Lange lebt und arbeitet in der Nähe von Bonn. In der Reihe „Das will ich wissen“ sind von ihr bereits „Erstes Reiten und Voltigieren“ und „Was macht ein Detektiv?“ erschienen.

Günther Jakobs,
geboren 1978 in Bad Neuenahr-Ahrweiler, studierte Illustration an der Fachhochschule Münster. Seit dem Diplom ist er als freischaffender Illustrator tätig und arbeitet in der Ateliergemeinschaft RAUM 3 in Münster. Für die Reihe „Das will ich wissen“ hat er bereits den Band „Die Steinzeitmenschen“ illustriert. Weitere Informationen sind auf seiner Homepage www.guentherjakobs.de zu finden.

In neuer Rechtschreibung

1. Auflage 2004

Einband und Innenillustration sowie Memo-Karten: Günther Jakobs
Gesamtherstellung: westermann druck GmbH, Braunschweig
ISBN 3-401-05349-3

Christine Lange

Das will ich wissen

Im Wald

Mit farbigen Bildern von Günther Jakobs

Arena

Inhalt

Eine Geschichte vom Wald:

Einführung:

Memo-Karten zum Ausschneiden

Sachwissen: Im Wald

Wir ziehen um!

„So, das war die letzte Kiste!“ Jan und Lena sind traurig. Gerade haben die Möbelpacker die letzten Möbel in dem großen Anhänger verstaut. Nun winkt Mutti schon ungeduldig: „Verabschiedet euch endlich, damit wir losfahren können!“
Miriam, Mark und Oliver, ihre besten Freunde, sehen auch ganz unglücklich aus: „Müsst ihr wirklich aufs Land ziehen?“
„Ja“, sagt Jan, „Papa war froh, dass Onkel Peter ihm eine so gute Arbeitsstelle in seinem Sägewerk angeboten hat!“

„Gibt's in dem Dorf auch eine Pizzeria?“
„Glaub ich kaum“, mault Lena, „und sicher auch nicht so eine tolle Eisdiele.“
„Und kein Kino“, fügt Jan hinzu. „Vermutlich eignet sich die Dorfstraße nicht mal zum Skateboardfahren!“
„Ganz schön blöd! Na ja, trotzdem viel Glück. Wo genau werdet ihr denn wohnen?“
„In einem kleinen Haus. Direkt am Waldrand!“
„Dann passt bloß auf, dass euch der böse Wolf nicht holt!“
„Du bist gemein!“ Lena versetzt Mark einen Knuff.
„Aber ein Haus mit einem großen Garten ist doch viel schöner als eine Mietswohnung!“, überlegt Miriam.
„Ruft bald an und erzählt uns, wie es aussieht!“

Drei Stunden dauert die Fahrt – raus aus der Stadt und dann durch Felder, Wald und Wiesen und über sanfte Hügel.
„Ist die Landschaft nicht hübsch?“, fragt Mutti aufmunternd. Natürlich weiß sie, dass die Kinder von dem Umzug nicht gerade begeistert sind.
„Das schon“, gibt Lena zu. „Aber werden wir uns auf dem Dorf nicht furchtbar langweilen? Miriam fehlt mir jetzt schon!“
„Sicher findest du in Waldhausen eine ebenso nette Freundin! Außerdem kannst du Miriam ja mal übers Wochenende oder in den Ferien zu uns einladen!“
„Oder du Mark und Oliver“, wendet sie sich an Jan.
„Hmmm“, brummelt der und liest die Straßenschilder laut vor.

„Müssen wir dort hinten nicht rechts abbiegen?“
„Genau“, freut sich Mutti, „gleich sind wir da!“
Papa ist mit dem Möbeltransporter mitgefahren.
„Der LKW kommt sicher erst in einer Stunde an!
Dann haben wir genug Zeit, im Haus
rumzustöbern!“
Jetzt sind Jan und Lena doch sehr gespannt.
Ihr neues Zuhause haben sie nämlich noch gar
nicht gesehen! „Dort ist es!“
„Na ja, sieht ja gar nicht so schlimm aus...“ Jan
mag nicht zugeben, dass ihm das kleine Haus
mit den grün lackierten Klappläden doch recht
gut gefällt.
„Ist der Garten riesig!“, staunt Lena. „Und er
grenzt wirklich direkt an den Wald.“

Gewaltige Eichen und hohe Buchen strecken
ihre Äste über den Zaun. Raschel, raschel…
etwas Rotbraunes flitzt durch die Zweige.
„Ein Eichhörnchen!“, ruft Lena begeistert.
„Da kommt auch Tante Heidrun!“
„Herzlich willkommen!“ Tante Heidrun umarmt
Mutti und die Kinder.
Mutti schließt die Haustür auf.
Durch die Sprossenfenster fällt Sonnenlicht
in die Wohnküche.
„Wo sind unsere Zimmer?“ Lena und Jan rennen
die Treppe hinauf.
„Den Raum nehme ich!“, ruft Jan.
„Und ich ziehe hier ein!“ Vor Lenas Fenstertür ist
ein winziger Balkon. Von dem aus kann sie über
den Wald bis in die fernen Berge schauen.

Klingeling… Frederik bringt sein Fahrrad mit quietschenden Reifen zum Stehen. Fredi ist Heidruns und Peters Sohn. Während die Möbelpacker ausladen, ziehen die Kinder durch den Garten. Überall stehen Obstbäume und hinter einer Rosskastanie versteckt sich ein alter Schuppen.
„Wir könnten in der Kastanie ein Baumhaus bauen“, schlägt Fredi vor.
Am Ende des Gartens entdeckt Jan ein Törchen im Zaun. „Dahinter geht’s gar nicht weiter!“, meint er enttäuscht.

„Doch – da führt ein Weg direkt in den Wald. Mein Geheimpfad…“, flüstert Fredi.
„Kann man sich nicht im Wald verlaufen?“ Lena erinnert sich an einen Schulausflug, bei dem sich ein Kind verirrt hatte.
„Nicht, wenn man den Wald so gut kennt wie ich! Dann findet man sich sogar nachts zurecht…“
Lena und Jan schauen sich an.
Irgendwie ist hier in Waldhausen alles anders.
Aber langweilig scheint es nicht zu werden.
Eher spannend! Vielleicht war das mit dem Umzug ja doch keine schlechte Idee…

Unser Wald

Sicher bist auch du schon einmal durch den Wald gewandert. Ist dir aufgefallen, wie viele verschiedene Baumarten und Sträucher hier wachsen? Außerdem gedeihen hohe und niedrige Gräser, blühende Kräuter und zarte, weiche Moose.
Je nachdem, ob du in einem Laubwald, Nadelwald oder einem „Mischwald“ aus Laub- und Nadelgehölzen spazieren gehst, wirst du ganz unterschiedliche Pflanzenarten entdecken.
Auch zahlreiche Tiere sind im Wald zu Hause. Hier finden sie Schutz und Nahrung und ziehen ihre Jungen auf.
Wenn du mehr über den Wald wissen möchtest, dann begleite Jan und Lena auf ihren Erkundungsgängen!

Die Waldarten

In den nächsten Tagen müssen im Haus noch tausend Sachen verstaut werden.
Dann gehen Jan und Lena zum ersten Mal in ihre neue Schule.
Nach den Hausaufgaben laufen sie mit Fredi in den Wald. Aber erst einmal auf dem ausgeschilderten Wanderweg!
„So viele verschiedene Bäume!“, staunt Lena.
„Dies ist ja auch ein Mischwald“, erklärt Fredi.
„Eine bunte Mischung aus Nadel- und Laubbäumen. Es gibt aber auch reine Nadel- und reine Laubwälder.“

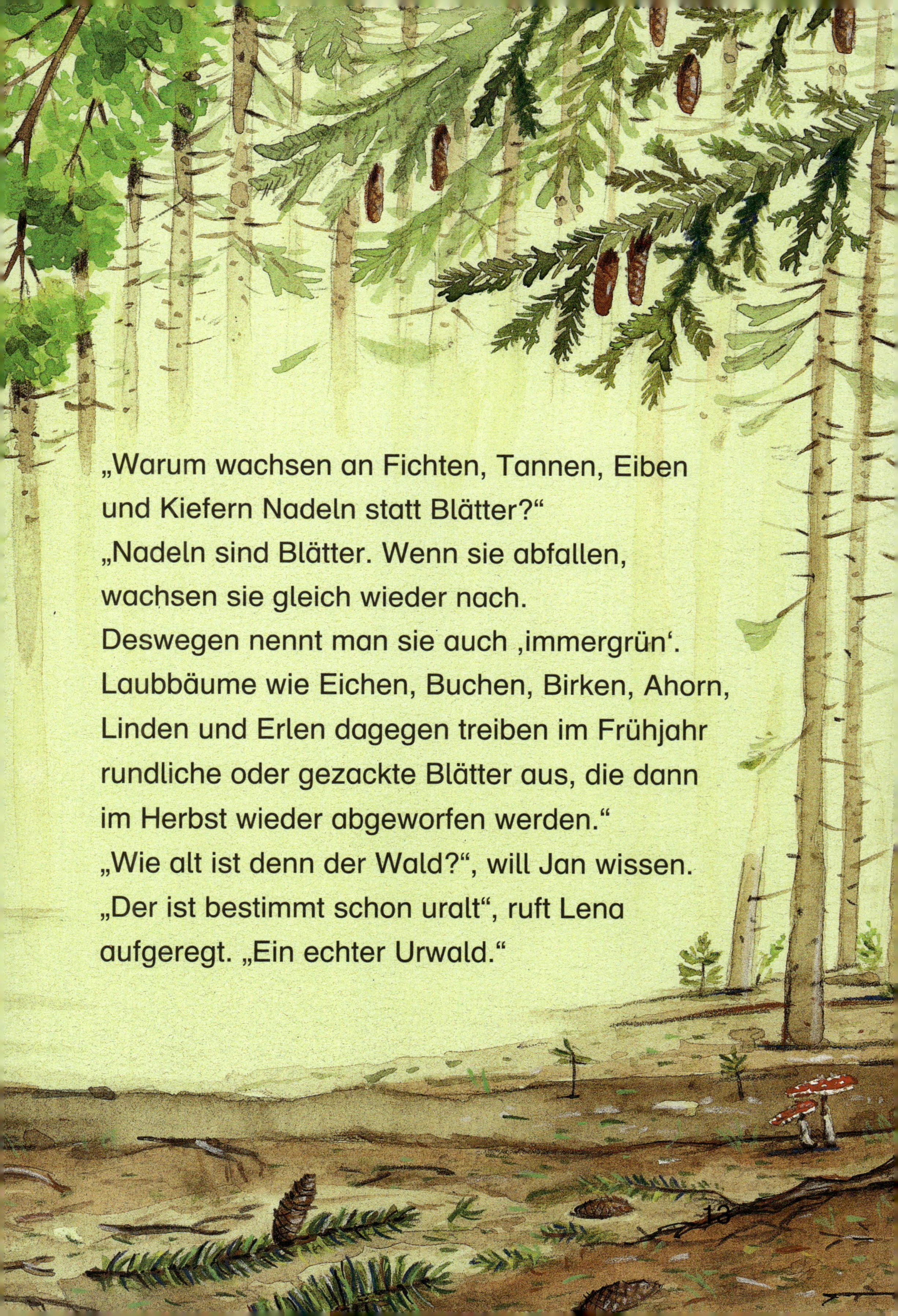

„Warum wachsen an Fichten, Tannen, Eiben und Kiefern Nadeln statt Blätter?“
„Nadeln sind Blätter. Wenn sie abfallen, wachsen sie gleich wieder nach. Deswegen nennt man sie auch ‚immergrün‘. Laubbäume wie Eichen, Buchen, Birken, Ahorn, Linden und Erlen dagegen treiben im Frühjahr rundliche oder gezackte Blätter aus, die dann im Herbst wieder abgeworfen werden.“
„Wie alt ist denn der Wald?“, will Jan wissen.
„Der ist bestimmt schon uralt“, ruft Lena aufgeregt. „Ein echter Urwald.“

„Nein“, lacht Fredi, „ein Urwald wäre ganz von allein entstanden. Aber diesen Wald haben unsere Ururgroßeltern angepflanzt. Mit den Eicheln fütterte man früher die Hausschweine. Buchen, Tannen und Fichten bringen noch heute gutes Bau- und Möbelholz! Und die Wildtiere jagt man auch wegen ihres Fleisches. Daher spricht man von einem ‚Kulturwald‘.“
„Komisch“, meint Jan, „ich wusste gar nicht, dass Kultur auch mit dem Wald zu tun hat!“

Wie der Wald entstand

Am Abend holt Vati ein dickes Buch aus dem Regal. Darin steht, wann die verschiedenen Pflanzen und Tiere auf unserer Erde auftauchten.
„Vor etwa 360 Millionen Jahren wuchsen bereits Wälder aus riesigen Schachtelhalmen.“
70 Millionen Jahre später entstanden die ersten Nadelhölzer. Im Jura, als gewaltige Saurier die Erde beherrschten, entwickelten sich Ginkgogewächse.
Der Ginko ist eine Zwischenform zwischen Nadel- und Laubbaum!“, erklärt der Vater.

„Erst danach, in der Kreidezeit vor 140 Millionen Jahren, entstanden Laubgehölze."
„Und die ersten kleinen Säugetiere!", weiß Lena.
„Spannend!", staunt Jan. „Schade, dass man noch nicht mit einer Zeitmaschine in die Vergangenheit reisen kann!"
Am nächsten Tag erzählt Lena in der Schule von Jans Idee mit der Zeitmaschine.
„Aber die Gegenwart ist auch interessant!", meint die Lehrerin. „Wer weiß denn, warum wir modernen Menschen Wälder brauchen?"
„Wegen der Jagd und wegen des Holzes!"
Lena denkt an das Sägewerk.
„Richtig! Zum Spazierengehen und Radfahren!", überlegt Katja, Lenas neue Freundin. „Im Wald erholen wir uns."
„Bäume sollen auch die Luft verbessern…"
Bernie weiß nicht so recht weiter.

„Gut!“, sagt Frau Hauptmann, „Bäume geben Sauerstoff ab. Den brauchen wir zum Atmen. Außerdem halten die Blätter den Boden schattig, sodass Wasser nicht so schnell verdunstet. Und die Wurzeln halten die Erde so fest, dass der Wind sie nicht wegwehen kann.“
„Der Wald ist ja ein richtiger Alleskönner...“, grinst Bernie.

Bäume im Wald

Fichte
Du findest sie hauptsächlich im Gebirge. Die langen Zapfen an ihren Zweigen wachsen nach unten.

Waldkiefer
Sie wird bis zu 50m groß. Ihre Nadeln wachsen paarweise.

Stieleiche
Die Eiche wächst sehr häufig in unseren Wäldern. Ihre Früchte heißen Eicheln.

Feldahorn
Seine Samen hängen an zwei Flügeln und werden leicht vom Wind fortgetragen.

Weißtanne
Sie wird 500 Jahre alt. Ihre Zapfen wachsen aufrecht. Ihre weichen Nadeln wachsen in Büscheln.

Eberesche
Vögel lieben ihre roten, runden Beeren. Deswegen wird sie auch Vogelbeerbaum genannt. Für den Menschen sind die glänzenden Früchte giftig.

Rosskastanie
Sie hat große fünf- bis siebengliedrige Blätter. Ihre Früchte sind für Menschen giftig, aber für Hirsche ein Leckerbissen.

Lärche
Sie ist der einzige Nadelbaum, der seine Nadeln im Winter verliert.

Buche
Die Buche hat einen langen gräulichen Stamm. Ihre Früchte werden Bucheckern genannt.

Pflanzen im Wald

Mit der Gartenschere haben die Kinder die Brombeerranken hinter dem Törchen gestutzt. Jetzt sieht man auch Fredis Geheimpfad. Er ist kein richtiger Weg, mehr eine Waldschneise. Und dick mit Moos überwachsen!

„Auch auf der Rinde der Bäume wächst etwas Ähnliches…“, bemerkt Jan.

„Das sind Flechten!“, sagt Fredi.

Lena sammelt einige in ihren Korb. „Schade, dass Ostern vorbei ist. Damit könnte man die Nester polstern!“

„Ein Mischwald ähnelt einem Haus mit verschiedenen Stockwerken", erklärt Tante Heidrun. „Im Keller wachsen die Wurzeln. Im Erdgeschoss wachsen Moose, Flechten und Pilze."

Am schönsten findet Lena die Fliegenpilze. Natürlich weiß sie, dass sie giftig sind!

„Im Herbst sammeln wir Waldchampignons, Stockschwämmchen, Hallimasch, Pfifferlinge und Steinpilze!", kündigt Mutti an. „Das sind köstliche Speisepilze!"

Hallimasch

Pfifferling

Steinpilz

„Im ersten Stockwerk wachsen Büsche, Farne, Gräser und Blumen“, erklärt Tante Heidrun weiter. „Die zarten Buschwindröschen blühen ganz zeitig im Frühling! Auch Veilchen, Leberblümchen, Finger- und Johanniskraut gehören dazu.“

„Und Walderdbeeren!“, freut sich Jan.

Die sind auch gerade reif. Die Kinder brauchen nicht weit zu gehen, um ein Körbchen voll zu pflücken!

In den letzten Wochen war es sehr warm. Fast jeden Tag sind Lena, Jan und Fredi in den Wald gelaufen und haben Beeren gesucht.

Aus den Holunderbeeren kocht Mutti dicken Saft für den Winter. Die süßen Himbeeren serviert sie mit Eiscreme und Schlagsahne.

Rotkehlchen

An einigen Stellen wachsen auch Blaubeeren. Von ihnen bekommt man eine ganz blaue Zunge. Auch viele Vögel bedienen sich aus dem zweiten „Stockwerk“, der Strauchschicht. Zu ihr zählen alle Sträucher und jungen Bäume, die nicht höher als sieben Meter sind.

Das höchste Stockwerk bilden die Bäume. Sie bestehen aus einem Stamm und einer Krone. Die Krone kann einer Kugel ähneln, wie bei der Eiche, oder einer Pyramide, wie bei der Fichte. Die meisten Bäume haben unscheinbare Blüten, aus denen Samen reifen und zu Boden fallen. In der Erde keimen sie und wachsen zu neuen Bäumen heran.

„Wir haben eine Waldbaumschule besucht“, erzählt Lena Miriam am Telefon. „Die jungen Bäumchen stehen hinter engmaschigen Zäunen, damit sie nicht von den Waldtieren gefressen werden. Dort, wo alte oder kranke Bäume gefällt werden, werden junge Bäumchen nachgepflanzt.“
Wie ein Garten muss auch ein Wald richtig gepflegt werden!
„Stell dir vor“, freut sich Lena, „ich habe bei unserem Ausflug sogar den ersten Preis im Bäumeraten gewonnen!“

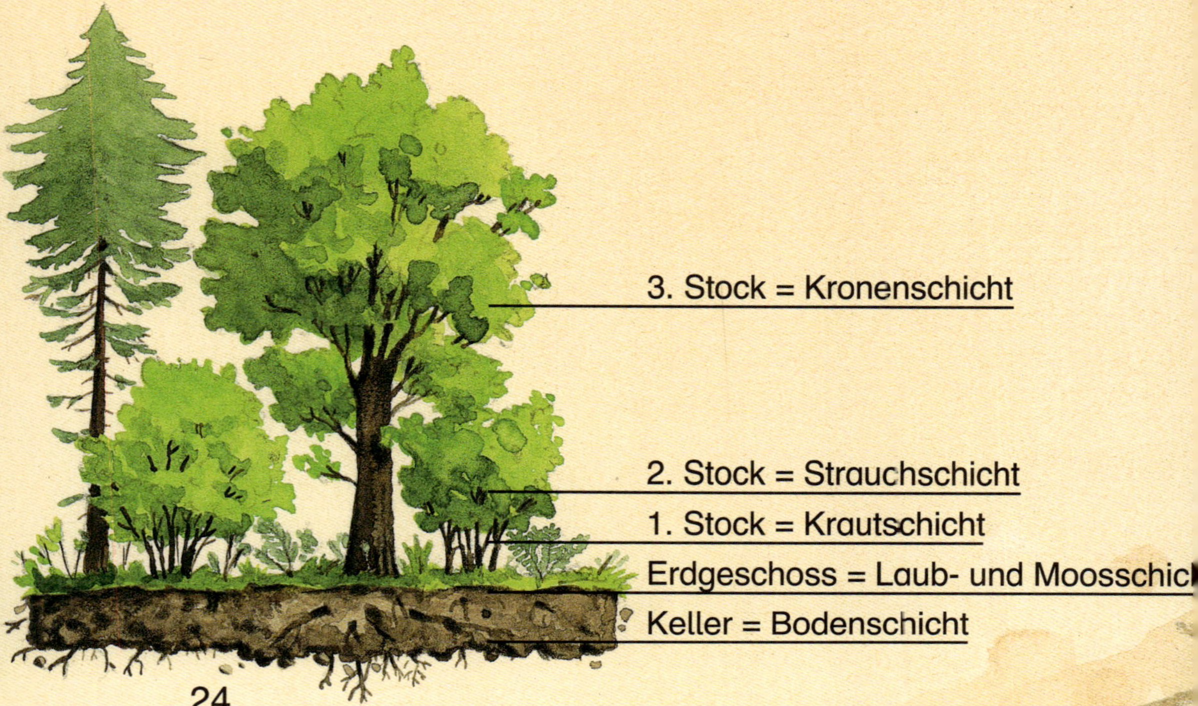

Insekten

„Heute zeig ich euch das größte Ameisenhügelnest! Darin leben viele Millionen Ameisen“, verkündet Fredi.
„Beißen die nicht?“, fragt Lena skeptisch.
„Nur wenn sie sich angegriffen fühlen. Dann spritzen sie Säure aus dem Hinterleib. Die Rote Waldameise steht unter Naturschutz. Sie lebt von kleinen Schädlingsinsekten und Pflanzensäften und hilft den Wald sauber zu halten!“

Lena und Jan entdecken viele Insekten: Raub- und Tarantelspinnen lauern in ihren Netzen. Holzwespen bohren Nadelbäume an und legen ihre Eier hinein. Rüsselkäfer fertigen kunstvolle Blattwickel. Der Maikäfer gehört zu den Blatthornkäfern, die Laub fressen. Am aufregendsten findet Jan den Hirschkäfer. „Er trägt ein richtiges Geweih!“, staunt er. Lena mag Schmetterlinge lieber: Augen- und Fleckenfalter oder die zarten Bläulinge.

„Leider schaden viele Insekten dem Wald“, bedauert Fredi und zeigt Lena und Jan, wie Kolonnen von Raupen an Eichen, Kiefern und Birken entlangwandern. „Besonders gefährlich sind die Borkenkäfer. Sie legen einen ‚Muttergang‘ unter die Rinde. Ihre Larven fressen dann tausende eigener Gänge und zerstören den Baum. Deshalb stellt man Fallen auf. Seht ihr die Kästen dort drüben? Sie enthalten ein Lockmittel, um die Käfer anzulocken!“

„Hoffentlich kann man damit die Bäume retten!“, wünscht sich Lena.

Haubenmeise

Tannenmeise

Tag- und Nachtvögel

Mit ihrem Kassettenrekorder will Lena Vogelstimmen aufnehmen. Das Gurren der Ringel- und Turteltauben ist leicht zu erkennen. Jan mag die rötlich bunten Eichelhäher mit dem rabenartigen Schrei.
Fredi findet Spechte interessanter: den kräftig gezeichneten Buntspecht, den Schwarzspecht mit der roten Kopfplatte und den Grünspecht. „Sie zimmern sich ihre Baumhöhlen selbst!“, sagt er bewundernd.
Tack, tack… weit hallen die Trommelzeichen durch den Wald. Und dort – ein Kuckucksruf! „Wusstet ihr, dass das Weibchen seine Eier in die Nester anderer Vögel legt? Ist der kleine Kuckuck ausgeschlüpft, wirft er alle anderen Eier hinaus und lässt sich dick und rund füttern!“

Turteltaube

Ringeltaube

Eigentlich findet Lena das gemein. Aber sie weiß, dass Tiere es nicht böse meinen, wenn sie an ihr Überleben denken.
Die Piepsstimmen der kleineren Vögel sind schwierig auseinander zu halten. Im Laubwald gibt es Kohl- und Blaumeisen, im Tannenwald Hauben- und Tannenmeisen. Schwarzdrosseln suchen ihre Nahrung auf dem Waldboden.
In den Büschen hüpfen Buchfinken herum.
Nur der Uhu und die Nachtigall sind jetzt noch nicht zu sehen. Ihr Gesang ertönt erst in der Abenddämmerung.

Unterwegs mit Förster Johann

„Aufstehen!“ Lena zieht Jan die Decke weg. „Nöö…“, brummelt der. Doch dann springt er aus dem Bett. „Der Förster wartet!“
Förster Johann hat die Kinder zu einem Rundgang durch den Wald eingeladen.
In der Morgen- und Abenddämmerung sind viele Tiere besonders aktiv!
Wald- und Zwergspitzmäuse huschen über die Wege.
„Wenn die Sonne höher steigt, kommen auch die Eichhörnchen aus ihren Baumnestern.“
Am Rande der Lichtung steht ein Hochsitz.
Uff, ist die Leiter steil! Lena ist ganz aufgeregt.
„Psst, nicht reden!“

Es raschelt im Unterholz.
Drei Damhirsche ziehen vorbei.
An den weißen Punktreihen kann man sie gut von den rotbraunen Rehen unterscheiden.
„Dämmerungs- und Nachttiere sind besonders scheu!“, erklärt Förster Johann.
Sie entdecken eine Gruppe Wildschweine, die das Erdreich nach Nahrung durchwühlt.
„Einer Wildschweinmutter sollte man tunlichst aus dem Weg gehen. Sie verteidigt ihre Jungen wie eine Löwin!“, warnt Förster Johann.
Als sie vom Hochsitz herabklettern, hat Lena richtig Herzklopfen. Aber die Tiere sind längst weitergewandert.

Kleine Säugetiere im Wald

Marder
Er schläft in Nestern von Vögeln oder Eichhörnchen. Nachts jagt er kleine Tiere und Insekten.

Dachs
Den größten Teil des Tages verschläft er in seinem unterirdischen Bau.

Igel
Wenn der Igel Gefahr wittert, rollt er sich schnell zusammen.

Waldspitzmaus
Sie hat eine spitze Schnauze und große Ohren.

Haselmaus
Sie klettert auf Sträucher und frisst dort die Früchte.

Siebenschläfer
Seine Behausung baut er in einem hohlen Baum oder einem verlassenen Eichhörnchennest.

Rotfuchs
Der Fuchs geht nachts auf die Jagd. Er fängt Vögel, Waldmäuse und Kaninchen.

Kaninchen
Kaninchen bauen riesige Wohnanlagen unter der Erde.

Eichhörnchen
Das Eichhörnchen knackt mit seinen Zähnen selbst die Schale von harten Nüssen.

Große Säugetiere im Wald

Reh
Das männliche Tier wird Rehbock genannt, das weibliche Ricke. Das Junge heißt Kitz.

Damhirsch
Die Männchen tragen ein Schaufelge und sind dadurch leicht von Rehen ur anderen Hirschen zu unterscheiden.

Rothirsch
Die Männchen haben ein großes Stangengeweih. Wie Damhirsch und Reh leben auch Rothirsche im Rudel.

Wolf
Früher war der Wolf in unseren Wäldern sehr verbreitet. Heute kannst du ihn nur noch in Wildparks sehen.

Wildschwein
Die Wildschweinmutter heißt Bache. Ihre Jungen werden Frischlinge genannt. Bis sie sechs Monate alt sind, ist ihr Fell gestreift.

Im Forsthaus

Am Sonntag sind Lena und Jan im Forsthaus eingeladen. Es liegt mitten im Wald, hat einen Obstgarten und einen Teich mit Enten und Gänsen.
Johann zeigt ihnen sein Arbeitszimmer.
„So viele Bücher und Akten!", staunt Jan.
„Wer Revierförster werden will, muss an einer Fachhochschule studieren. Und täglich eine Menge Schreibtischarbeit erledigen!"
Förster achten nicht nur auf die Tiere, sondern auch auf die Pflanzen.

„Gesunde Pflanzen sind kräftig, kranke kümmern dahin. Manchmal sind Schädlinge daran schuld, manchmal fehlen dem Boden Nährstoffe. Oder giftige Autoabgase und Chemikalien aus den Fabrikschornsteinen machen sie krank."
„Das nennt man dann Waldsterben...",
wirft Lena ein.
„In heißen Sommern sind wir ständig unterwegs, um Brände zu verhüten, die große Teile wertvollen Waldes zerstören können."

Viel Zeit nimmt die Hege und Pflege der Wildtiere in Anspruch. In strengen Wintern werden die Futterraufen täglich gefüllt. Für die Füchse wird Fleisch ausgelegt, das einen Impfstoff gegen die gefährliche Tollwut enthält. Und gibt es zu viele Tiere einer Art in einem Wald, werden sie zum Abschuss freigegeben.
„Nicht traurig sein, Lena“, tröstet Johann. „Die Kugel tötet das Tier sofort, es muss nicht leiden!“
Im Gehege im Garten pflegt die Förstersfrau einen Damhirsch gesund, der von einem Auto angefahren wurde. „Die Wunde verheilt gut. Bald darf er zu seinem Rudel zurück!“

Im Sägewerk

Gestern war Lena sehr aufgeregt.
Auf der Straße führte ein Mann
zwei große Kaltblutpferde vorbei!
„Das ist Fritz mit Moritz und Pauline,
den Rückepferden!“, sagte Fredi.
Rückepferde ziehen die gefällten Bäume
aus dem Wald. Vorsichtig bewegen sie sich
zwischen den eng stehenden Bäumen
und Sträuchern.

„Langsamer… rechts… brav so!“ Lena staunt, wie gut Moritz und Pauline auf Fritz’ Zurufe reagieren. Später, als sie Vati von der Sägemühle abholen, sind die Stämme bereits gestapelt und warten darauf, verarbeitet zu werden.

„Früher wurden die Sägen durch Wasserkraft angetrieben, heute setzt man Diesel- oder Elektromotoren ein“, erklärt Onkel Peter. „Das Wasser vom Bach benutzen wir nur noch, um die Stämme zu beregnen.“

„So viel Holz!", staunt Jan.
Die entästeten Stämme nennt man Rundholz.
Es wird zu Brettern, Bohlen, Balken und Kantholz geschnitten.
„Später baut der Zimmermann daraus Dachstühle. Tischler und Schreinerwerkstätten stellen Möbel, Fenster und Türen her.
Auch in Zellstoff oder Papier ist Holz enthalten."
„Und alles kommt aus dem Wald!" Lena und Jan sehen den Wald jetzt mit anderen Augen.
Und langweilig finden sie ihr Leben hier schon lange nicht mehr…

Ein Brief an die Freunde

Kürzlich hat Lena mit Miriam telefoniert.
Aber heute will sie ihr einen Brief schreiben.
„Schreib gleich an Mark und Oliver mit!“,
schlägt Jan vor.
„Das Beste hier sind die vielen Tiere!“, beginnt
Lena. „Ein Eichhörnchen ist schon ganz zahm.
Täglich kommt es in unseren Garten und holt
sich Haselnüsse direkt aus meiner Hand!
Der kranke Damhirsch ist wieder gesund.
Vor ein paar Tagen durfte er in den Wald zurück.
Am Samstag hat unsere Klasse Abfälle
von den Waldwegen gesammelt.
Schlimm, was die Leute alles wegwerfen!

Wir haben dabei viele schöne Vogelfedern gefunden, aus denen man Indianerschmuck basteln kann. Die Feder, die ich diesem Brief beilege, stammt von einem Eichelhäher. Nächste Woche helfen wir beim Pflanzen junger Bäume. Und im Herbst sammeln wir Kastanien und Eicheln für die Winterfütterung."
„Schreib auch, dass wir Moritz und Pauline, die Rückepferde, reiten dürfen!", erinnert Jan.
Ja, natürlich!
„Wollt ihr uns nächstes Jahr besuchen?

Im Juli findet ein großes Waldfest statt. Das ganze Dorf wird kommen – das wird ein Spaß! Aber am schönsten ist es, wenn man alleine oder zu zweit durch den Wald läuft und Tiere beobachtet. Na, und Muttis Pizza Funghi und unser Waldhimbeereis schmecken einfach super! Die Skateboards könnt ihr ruhig mitbringen. Denn zum Skateboardfahren eignet sich auch unsere Dorfstraße allemal. Viele Grüße aus Waldhausen von Lena und Jan."

Glossar

Immergrüne Pflanzen: Die Blätter dieser Pflanzen fallen im Winter nicht ab, sondern bleiben das ganze Jahr über grün.

Insekten sind Gliederfüßer. Ihr Körper ist deutlich in Kopf, Bruststück und Hinterleib gegliedert.

Kulturwald: Diese Wälder wurden von Menschen angepflanzt und bewirtschaftet.

Urwälder sind Wälder, die vom Menschen gar nicht oder nur wenig beeinflusst wurden.

Laub: Alle Blätter einer Pflanze.

Laubhölzer: Bäume, Sträucher und Halbsträucher, deren Blätter im Frühjahr neu austreiben und im Herbst abgeworfen werden.

Nadelhölzer: Vorwiegend immergrüne Bäume mit nadelförmigen grünen Blättern.

Säugetiere: So nennt man Tiere, die ihre Jungen lebend zur Welt bringen und mit Milch säugen.

Adressen

Es gibt viele Möglichkeiten, sich aktiv für den Wald und seine Bewohner einzusetzen. Hier sind einige davon:

BUNDjugend (D): Du kannst dich einer bestehenden Gruppe in deiner Gegend anschließen oder selbst eine Gruppe gründen. Auf der Internetseite www.bundjugend.de findest du alle Aktivitäten und Projekte, die der BUNDjugend anbietet.

Naturschutzjugend NAJU (D): Die NAJU ist Deutschlands größter Kinder- und Jugendverband im Bereich Natur- und Umweltschutz. Im Internet findest du unter der Adresse www.naju.de alle Landesverbände und Aktivitäten der NAJU und außerdem Spiele, Wissenswertes rund um die Natur und vieles mehr.
NAJU-Bundesgeschäftsstelle, Herbert-Rabius-Str. 26, 53225 Bonn, Tel. 00 49/02 28/ 4 03 61 90

Pro Natura (CH): Die Kinder- und Jugendgruppen der Pro Natura bieten Exkursionen, Ferienlager und andere Aktivitäten an. Kontaktadressen von Kinder- und Jugendgruppen in deiner Region findest du unter: www.pronatura.ch.
Pro Natura, Dornacherstraße 192, 4053 Basel, Tel. 00 41/61/3 17 91 91

Österreichische Naturschutzjugend önj (A): Neben vielen Aktivitäten und Projekten gibt die önj auch eine Zeitung heraus, die du automatisch erhältst, wenn du Mitglied wirst. Mehr Informationen unter www.oenj.at oder per Post bei der Österreichischen Naturschutzjugend, Pater-Stefan-Straße 7, 5061 Elsbethen, Tel. 00 43/6 76/6 28 00 26

Ahorn
Ahorn
Steinpilz
Steinpilz
Dachs
Dachs
Waldameise
Waldameise
Fichte
Fichte
Hirsch
Hirsch
Bunt-
specht
Bunt-
specht
Wildschwein

Hirschkäfer

Hirschkäfer

Kiefer

Kiefer

Eiche

Eiche

Tanne

Tanne

Buche

Buche

Eichhörnchen

Eichhörnchen

Wildschwein

Fuchs

Fuchs

Spielanleitung

Für 2 Spieler: Schneide die Karten entlang der Linie sorgfältig aus. Mische sie gut und lege alle Karten einzeln verdeckt vor dich hin. Der jüngste Spieler darf beginnen. Es werden bei jedem Spielzug zwei Karten umgedreht, sodass jeder sie sehen kann. Merke dir gut, was du gesehen hast und drehe sie wieder um. Wer ein gleiches Kartenpaar findet, darf es behalten und ist noch einmal an der Reihe. Sieger ist, wer die meisten Karten hat.